PIETRO COGLIOLO

PROFESSORE NELL'UNIVERSITÀ MODENESE

GLOSSE PREACCURSIANE

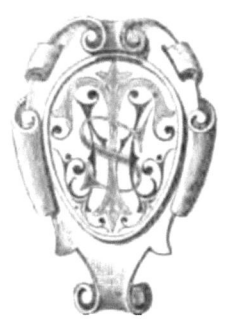

MODENA
COI TIPI DELLA SOCIETÀ TIPOGRAFICA
ANTICA TIPOGRAFIA SOLIANI

1888.

In the interest of creating a more extensive selection of rare historical book reprints, we have chosen to reproduce this title even though it may possibly have occasional imperfections such as missing and blurred pages, missing text, poor pictures, markings, dark backgrounds and other reproduction issues beyond our control. Because this work is culturally important, we have made it available as a part of our commitment to protecting, preserving and promoting the world's literature. Thank you for your understanding.

ALLA

UNIVERSITÀ BOLOGNESE

CHE LE TRADIZIONI GIURIDICHE ROMANE

EREDITÒ ED INSEGNÒ AL MONDO

> Docta suas secum duxit Bononia leges.
> anno 1119 (Muratori *R. I. S.* V 458).

Secondo la leggenda Irnerio maestro di grammatica a Bologna avrebbe rivolto lo studio al digesto per cercarvi il significato della parola asse, e avrebbe poi per consiglio della grande Matilde aperto scuola di diritto romano; donde sarebbe derivata la schiera di quei glossatori, che nella oscurità medioevale avrebbero ridato all'Italia leggi e scienza da gran tempo morte. Secondo le ricerche moderne invece la tradizione romana rimase viva nei popoli e nelle scuole; i glossatori bizantini trasmisero i loro commenti all'occidente; a Roma fino a Gregorio settimo, a Ravenna quasi fino al secolo undecimo, a Bologna già poco dopo il mille fu fiorente lo studio della sapienza romana (1). Senza strappi ma con legami costanti di luogo e di tempo si formò nel medio evo la base al rinascimento giuridico che si manifestò con Irnerio a Bologna. Questi, *illuminator scientiae nostrae* (2), non creò una scuola nuova ma diede splendore e fama ad una scuola che era nata prima di

---

(1) Ricci, *I primordi dello studio bolognese* p. 38; Chiappelli *Lo studio bolognese* p. 40 (1888).

(2) Odofredo nel *comm. in dig. vet.* al titolo de iust. et iure *(ius civile 6)*.

lui a Bologna, e che collegavasi in Italia con la tradizione scolastica non mai spenta. L'antico Irnerio fu dunque discepolo di *antiqui doctores* (1), e lo splendore dei glossatori non è più violento e repentino scatto di fulmine in una oscurità profonda, ma è sole di mezzogiorno che si è innalzato naturalmente sopra lunghi albori. In tutto il medio evo il diritto romano è conosciuto e commentato, e molte opere giuridiche preirneriane mostrano che vi era non solo costanza di tradizione ma anco lavorio scientifico (2). Di grande importanza è poi osservare le similitudini numerose di concetto e di parola tra le glosse bolognesi e le altre più vecchie opere dei secoli precedenti, potendosene inferire che dai tempi più antichi fino ad Irnerio ebbero le varie scuole un solo modello di glossario che a poco a poco ritoccavano e accrescevano (3). E si va anche più indietro, perchè si scopre che vi è simiglianza e parentela fra l'apparato accursiano e i testi bizantini. Due anni fa io domandavo: " *si arriverà così a trovare un punto di passaggio tra la scuola bolognese dei glossatori e le scuole di Berito e di Costantinopoli? Irnerio in occidente sarebbe una continuazione dei giuristi bizantini?* (4) „; ed infatti le sorprendenti uguaglianze che si stanno ora osservando fra le glosse occidentali e le glosse orientali (5) mostrano che da Giustiniano ad Irnerio le scuole giuridiche lavorarono con uniformità e continuità di tradizione, con metodo identico, e con trasmissione di manoscritti formati sopra un tipo comune.

Si potrà risalire anche di più? si potrà mostrare che le interpolazioni giustinianee al digesto non sono in gran parte che glosse fatte dalle scuole alle opere dei giuristi romani classici? È

---

(1) Bellapertica nel *comm. in* D. XLIII 3 *quor leg.* §. *quia autem* n. 4.
(2) Fitting *Die Anfänge der Rechtsschule zu Bologna* p. 59 (1888).
(3) Il Chiappelli *o. c.* p. 98 fa interessanti raffronti con la Glossa torinese alle Istituzioni, la Glossa di Colonia, e la Glossa pistoiese.
(4) Padelletti-Cogliolo *Storia del dir. rom.* p. 703 (1886).
(5) Tamassia *Bologna e le scuole imperiali di diritto* (1888).

tutto un nuovo orizzonte che a traverso la oscurità storica si va scoprendo con meraviglia e con mirabili resultamenti. Ma per quanto lontano si trovino le traccie del rinascimento bolognese, e per quanto si scopra di simiglianze fra le glosse nuove e quelle vecchie di oriente, non si trascuri di considerare l'immenso progresso che la scuola irneriana ha fatto nel diritto: i glossatori di Bologna iniziarono un'êra novella, e sulle passate tradizioni fondarono un'edificio di interpretazioni giuridiche che ebbero così lunga e così grande importanza. Perchè non deve dimenticarsi che il valore della Glossa non è solo *storico*, ma anche e principalmente *pratico*: come periodo storico, le opere dei glossatori rappresentano il punto più alto della tradizione scolastica interpretativa; ma come influenza pratica la glossa non fu superata in nessun tempo da alcun'altra scuola. Bisogna imaginare le condizioni sociali dell'Europa nel secolo undecimo; i nuovi e fiorenti commerci; le lotte politiche dei comuni; le incertezze nelle fonti del diritto; e allora si comprende come la glossa sia stata l'interprete dei nuovi bisogni, e abbia presentato il diritto romano con vesti ammodernate e adatte ai tempi e ai luoghi. È sempre il diritto giustinianeo che rivive; è la tradizione scolastica che dai bizantini passa in Italia; ma è pure un fresco alito di vita che ispira i' dottori bolognesi, e con la forma antica di glossa fa loro creare un insieme di norme utili ai popoli di allora.

Se così non fosse non si capirebbe come il grande lavoro dei glossatori sia subito passato dalla università al foro, dalla scienza di scuola alla vita reale, e come abbia dominato per tutto sino al secolo decimosesto, rendendo possibile il sorgere della giurisprudenza culta. Il nostro diritto civile si fonda sul romano, non classico e puro ma come fu nei secoli passati inteso e spiegato; nelle teorie dei postglossatori, nei giureperiti del secolo decimosesto e decimosettimo, in tutte le dottrine della Glossa si trovano le ragioni dei diritti moderni, e le opinioni che poi trionfarono e divennero legge scritta. Basterebbe vedere la teoria della proprietà nella glossa di Accursio (1) per comprendere dove e come furono creati concetti e norme estranei al diritto romano, ma voluti dalla nuova società: e se un simile lavoro fosse fatto per ogni istituto giuridico, si vedrebbe meglio l'immensa importanza *pratica* della glossa.

Per queste considerazioni e anche per l'uso quotidiano dei giuristi tanto teorici quanto forensi è necessaria una nuova edizione della GLOSSA DI ACCURSIO. I digesti glossati che sono in commercio non contengono la glossa genuina, perchè o la danno corrotta e mutata, o monca, o sono pieni di aggiunte posteriori: le citazioni poi dei luoghi paralleli sono sempre senza numeri, e quindi la difficoltà a servirsene è immensa. Accuratissime esperienze di confronto coi manoscritti hanno mostrato un fatto nel quale c'è pieno accordo (2), che cioè le edizioni glossate più corrette e più pure son quelle del quattrocento (dal 1476 al 1500), e che quanto più ci si allontana dalla fine del secolo decimoquinto tanto più si trovano corruzioni e interpolazioni. Questo fatto diventa la base di una nuova edizione della glossa accursiana, ma pur troppo le edizioni quattrocentine sono rare a trovarsi. Lo Spangenberg (3) enumerando in ordine di tempo tutte le edizioni dei libri giustinianei, nota a ognuna di esse la biblioteca tedesca che la possiede. Io posso aggiungervi le seguenti notizie:

ITALIA. — ROMA (bibl. Vitt. Em.): Padova 1479 per Mauser, dig. novum; Venezia 1488 per B. de Tortis, dig. vetus — ROMA (bibl. casan.): Roma 1476 per Santo Marco, dig. novum

---

(1) Landsberg *Die glosse des Accursius und ihre Lehre vom Eigenthum* da p. 82 in giù (1883).

(2) Spangenberg *Einleitung in das röm. iust. Rechtsbuch* p. 269 nota 7 (1817); Biener *Gesch. der Novellen* p. 312; Schrader *Prodromus corp. iur.* p. 242; Savigny *Gesch. d. R. R.* V 303 (2.ª ediz. ted. 1834-1851 in 7 vol.); Claussen *Specimen* p. XXV; Landsberg *o. c.* p. 78.

(3) *O. c.* p. 650 e sgg.

— GENOVA (bibl. univers.): Venezia 1485 per De Gregoriis, dig. infort. — NAPOLI (bibl. naz.): Perugia 1476 per Enrico Clayn, dig. vetus *editio princeps;* Venezia 1488, 1489, 1490, 1492, dig. vetus; Venezia 1490 e 1491, dig. infort.; Venezia 1477, 1487, 1491, 1493, dig. novum — FIRENZE (bibl. naz.): Venezia 1491 per A. Calabrese, 1491 per Torresano, 1491 per Arrivabene, 1494 per Giorgio Mantovano, 1494 per B. De Tortis, 1497-99 per Torresano — FIRENZE (bibl. Laurenz.): Perugia 1476 per Clayn, dig. vetus; Venezia 1486 per Andrea Papiense, 1485 per Giov. e Greg. Forlivesi, 1494 per Bern. Stagnino — TORINO (bibl. naz.): Venezia 1476 per Giacobbe Gallico ex Ruberorum familia, dig. infort. — MILANO (bibl. braidense): Milano 1482 per Antonio de Honate, dig. vetus.

INGHILTERRA. — LONDRA *(British Museum)*: Venezia 1476 (1) per Ienson, dig. vetus; Milano 1482 per A. de Honate, dig. vetus; Venezia 1482 per Herbort, dig. vetus; Norimberga 1482 per Koberger, dig. vetus; Venezia 1488 per B. De Tortis, dig. vetus; Venezia 1490 per B. De Tortis, dig. vetus; Venezia 1491 per Torresano, dig. vetus; Venezia 1494 e 1498 per B. De Tortis, dig. vetus; Roma 1475 per Puecher, dig. infort.; Venezia 1488 e 1497 e 1500 per De Tortis, dig. infort.; Venezia 1477 per Gallico, 1485 per G. e G. Forlivesi, 1489 per Calabrese, 1490 per Arrivabene, 1495 per Tridino di Monferrato, dig. infort.; Venezia 1483 e 1491 per Andrea Papiense, dig. novum; Venezia 1498 e 1499 per De Tortis, dig. novum; Norimberga 1483 per Koberger, dig. novum; Basilea 1475 (?) per Rodt, dig. novum; Roma 1476 per Santo Marco, dig. novum; Padova 1479 per Mauser, dig. novum.

Quali saranno i criterii per una nuova e critica edizione della glossa ordinaria di Accursio? Alla risposta può aiutare il

---

(1) Questa è la data in Spangenberg: invece il catalogo del British Museum ha 1470 con un?.

tentativo felice che per i primi quattro titoli del digesto fece il Claussen (1), ma dovrà tenersi conto anche di altre considerazioni. E prima di ogni altra cosa è necessario che il testo romano non sia pubblicato secondo la *vulgata* del cinquecento o seicento, nè secondo la *florentina*, ma secondo la vera *litera bononiensis*. A ricostruire la quale servono le edizioni quattrocentine e la glossa stessa: perchè questa o direttamente dice la lezione che segue (*nos legimus; si legis;* e simili frasi), o la fa comprendere dalla spiegazione delle parole.

Quanto alla glossa di Accursio si dovrà fare un paziente confronto di tutte le edizioni del quattrocento: queste sono, come già si disse, più corrette e pure delle altre, e quindi il loro confronto stabilirà la vera lezione accursiana. Specialmente è necessario nelle edizioni dal 1476 al 1500 paragonare quelle di luogo e tempo diverso, perchè vi è quasi la certezza che sieno state stampate sopra manoscritti diversi. Per questa stessa ragione poco servono i digesti dello stesso anno e luogo: il Claussen confrontando l'edizione del digestum vetus di Venezia 1477 per Giacobbe Gallico con quella di Venezia 1477 per Ienson ha concluso potersi sospettare *aut unam ex altera esse haustam aut ex uno eodemque libro utramque esse excusam*.

Con criterii di probabilità si può dunque dalle edizioni quattrocentine ricavare la originaria lezione della glossa accursiana. Ma tutto ciò non basta, e bisogna collazionare i digesti stampati con i manoscritti. Questi sono numerosi, ed è verosimile che ve ne sieno molti ancora non conosciuti: ma per ora la biblioteca che ne possiede un numero maggiore è la Vaticana di Roma. Confrontare tutti i manoscritti non è cosa fattibile, e perciò devesi trovare un modo di rimanere nei limiti della possibilità, e d'altra parte avere una base sicura di induzione. Si potrebbe a ciò riuscire prendendo un titolo ben scelto del digesto, e confrontandolo in tutti i manoscritti: questo confronto mo-

---

(1) Guilielmus Claussen *Denuo edendae accursianae glossae specimen*.

strerebbe quali manoscritti sono più discordi, più antichi, più degni di fede, ed essi e non tutti sarebbero quindi il fondamento della nuova edizione.

Ho accennato ai manoscritti glossati della Vaticana, e la loro importanza è somma non solo per la glossa di Accursio, ma anche perchè alcuni di essi contengono glosse preaccursiane inedite. Dei manoscritti vaticani del digesto è tanto più utile dare qui una breve descrizione, quanto più incompletamente mostrò di averne notizia il Claussen (1).

VATICANA

Numero del Catalogo

1405 Dig. vetus con glosse *preaccursiane*. Son glosse interlineari e marginali, ma poche e di scrittura varia.
1406. Dig. vetus con glosse *preaccursiane*. Molte con la sigla **y** e **m**.
1408. Dig. vetus con glosse *preaccursiane*. Molte con la sigla **az**.
1409. Dig. vetus con glossa di *Accursio*.
1410. idem.
1411. idem.
1412. idem.
1413. idem.
1421. Dig. novum con glossa di *Accursio*.
1422. idem.
1423. idem.
1424. idem.
1425. idem.
1426. idem.
2511. Dig. vetus con glosse di *Accursio*.
2512. Dig. vetus con glosse *preaccursiane*, specialmente di **az**.
2513. Dig. vetus con glosse di *Accursio*.
2705. Dig. vetus con glosse *preaccursiane*.

---

(1) *O. c.* p. XVIII nota 31.

REGINA SVECORUM

1122. Dig. novum con glossa di *Accursio*.

PALATINO VATICANA

737. Dig. vetus con glosse *preaccursiane*, spesso non leggibili.
747. Dig. novum con glossa di *Accursio*.

OTTOBONIANA

1600. Dig. infort. con glosse di *Accursio*.
1605. Dig. vetus con glosse di *Accursio*.

URBINATIS

163. Dig. novum con glosse di *Accursio*.

Una seconda specie di lavoro critico per la nuova edizione della glossa di Accursio sarà eliminare dalle edizioni stampate le interpolazioni aggiuntevi. Per lo più son tratte dai commenti di Bartolo, Paolo Castrense, Alberico di Rosate, Giasone del Maino e altri di quel tempo: quando vi è il nome o la sigla la ricerca è spedita (1), ma quando l'aggiunta è anonima (2) bisogna rintracciarla nelle opere di quei commentatori. I famosi *Viviani casus* sono estranei alla glossa, ma siccome non si trovano pubblicati altrove così potrebbero porsi in nota come ha fatto il Claussen.

A questa nuova edizione della glossa potrà aggiungersi un brevissimo apparato critico contenente le varianti dei manoscritti

---

(1) Così nella L. 1 D. I 1 la glossa *iuri* è di Bartolo, e ciò è indicato dalla sigla B: quel passo è infatti nelle sue opere (Basilea 1589 p. 14).
(2) Alcuni esempi sono nel Claussen *o. c.* p. XXII.

e delle edizioni tanto del testo quanto della glossa. Accanto ad ogni citazione di frammenti sarà bene porre fra parentesi i numeri corrispondenti, in questo modo: *infr. De aqu. pluv. arc. l. II § antepen.* (L. 2 § 8 D. XXXIV 3).

Un' ultima cosa a considerarsi è l'influenza che la pubblicazione di glosse preaccursiane inedite potrebbe avere sopra l'edizione nuova dell'apparato accursiano. Quando le glosse di Irnerio e degli altri dottori saranno pubblicate si potrà rispondere alle domande che il Savigny faceva circa la natura dell'opera di Accursio, e risulterà provato quello che già fanno sospettare le glosse inedite qui sotto pubblicate: che cioè Accursio ha spesso lasciato fuori glosse importantissime per accettarne altre inutili; che alcune le ha mutate e anco guastate; che non fu esatto nella attribuzione delle sigle, non sempre felice nella scelta delle glosse, non fedele nel riprodurle. Non si potrebbe fare noi quello che non fece Accursio, e completare la sua glossa con le glosse precedenti? unire così la glossa accursiana con tutte le preaccursiane? Il fare ciò sarebbe errore gravissimo, perchè la glossa di Accursio ha avuto tanta forza pratica così come era, e l'*ius receptum* di tutti i secoli passati si fondò sopra le glosse come Accursio le riprodusse. Storicamente importa molto sapere quello che Irnerio disse; ma praticamente importa solo sapere quello che Accursio gli fece dire. La glossa di Accursio non è un'opera che possa giudicarsi e rifarsi come qualunque altro lavoro scientifico: è invece un monumento che per molti secoli ispirò i giuristi e i giudici, e perciò va conservato così come era. Il carattere che ebbe il lavoro accursiano è bene scolpito dal Fulgosio (1): *heri dixit Cynus glossam timendam propter praescriptam idolatriam per advocatos, significans quod sicut antiqui adorabant idola pro diis ita advocati adorant glossatores pro evangelistis. Volo enim potius pro me glossatorem quam testum. Nam si allego textum*

---

(1) Ad l. si in solutum Cod. de O. et A. (c. 6 Cod. IV 10). Il passo è riprodotto dallo Spangenberg *o. c.* p. 168.

dicunt advocati diversae partis et iam iudices: credis tu quod glossa non ita viderit illum textum sicut tu, et non ita bene intellexerit sicut tu? (1).

Dunque le glosse preaccursiane e la glossa di Accursio sono due lavori diversi, e devono essere pubblicati separatamente.

Passando ora a parlare delle prime, un'edizione definitiva dovrà disporle secondo l'ordine dei frammenti del digesto, e nel modo col quale fu sempre pubblicata la glossa di Accursio: ma bisogna che a tutto ciò preceda un lavoro di ricerca dei manoscritti sparsi per tutta l'Europa. Fino ad ora i più importanti manoscritti di glosse preaccursiane sono quelli di Parigi e quelli della Vaticana a Roma (2); ma è molto probabile che se ne scoprano molti altri, se gli studiosi rivolgeranno a questo scopo le loro ricerche. Il disseppellimento dei lavori delle antiche scuole italiane porterà resultamenti che ora non sono nè pure prevedibili: anche una sola pagina di glosse potrà essere oggetto di studi futuri e di ardite concezioni. In questo genere di cose niuna per quanto audace previsione può non essere superata dai fatti, e la pubblicazione di un manoscritto anco brevissimo o la scoperta di una notizia anco minutissima possono sembrare non importanti adesso, e invece collegati con altri concetti acquistare un'importanza straordinaria.

Tenuto conto di tutte le cose sin qui discorse, diventa sommo l'interesse di un fascio di codici manoscritti esistenti nell'*Archivio di Stato di Modena*. Niun codice è completo, ma sono tutte assieme più di cento pagine in foglio, e furono tolte da altri libri ai quali servivano di fasciatura. Sono pagelle membranacee, rigate a stilo, scritte per lo più in buon carattere gotico

---

(1) Dice bene il Claussen *o. c.* p. XVII che in realtà era come ci fosse una *exceptio legis non glossatae*.

(2) I manoscritti conosciuti delle glosse di Irnerio sono in Savigny *o. c.* IV 39; di Bulgaro in IV 101; di Martino in IV 136; di Iacobo in IV 153; di Ugo in IV 159; di Rogerio in IV 213; di Alberico in IV 229; di Placentino in IV 258; di Pillio in IV 327; di Azone in V 13.

minuscolo: rimontano quasi tutte al principio del secolo decimoquarto, e alcune alla fine del decimoterzo. Contengono il testo con la Glossa accursiana del digesto del codice e delle istituzioni. Le pagelle riguardanti il codice e le istituzioni sono molto poco importanti, anche perchè la glossa di Accursio a questi due libri giustinianei è di minor valore e più completamente nota. Le pagelle riguardanti il digesto sono invece così numerose, che di esse dovrà tener conto chi si accingerà a fare la sopra indicata edizione critica della glossa. La descrizione dei manoscritti modenesi del digesto con le glosse accursiane è la seguente:

CODICI MODENESI MEMBRANACEI

I. Digestum vetus:

a) glossa di Accursio con aggiunte di *Rainerius de Forlivio* (RAY) (1) circa questi testi:

Libro	Titolo	dalla Legge	alla Legge
2	8	15	16
2	9	1	6
18	1	72 pr.	81
18	2	1	4 § 2

b) glossa di Accursio a:

Libro	Titolo	dalla Legge	alla Legge
4	3	5	8
4	3	29	40
4	4	1	3 § 1
4	7	8 § 1	12

---

(1) Sono specie di glosse o *additiones* che complessivamente formavano la *lectura*. Savigny *o. c.* VI 189.

Libro	Titolo	dalla Legge	alla Legge
4	8	1	11 pr.
12	2	39	42
12	3	1	4 § 2
17	1	13	22 § 7
17	2	29 pr.	45
17	2	59	60
17	2	62	63 § 5
18	1	1	1 § 1

c) glossa di Accursio a:

Libro	Titolo	dalla Legge	alla Legge
4	1	2 § 1	15
5	2	15 § 1	23 § 1
9	2	30 § 3	42
10	3	6 § 1	8 § 4
10	4	5 § 1	12 § 3
11	3	1 § 4	17
11	4	1 pr.	1 § 2
11	7	12 § 2	20 § 1
15	4	1 § 5	5
16	1	1	8 § 2
16	1	28 pr.	32
16	2	1	19
23	3	49	83
24	1	32 § 14	58 § 1

d) glossa di Accursio a:

Libro	Titolo	dalla Legge	alla Legge
8	4	1	18
8	5	1	20 pr.

II. Digestum infortiatum:

a) glossa di Accursio con aggiunte di Raniero da Forlì, Iacobus de Arena e Dinus circa questi testi:

Libro	Titolo	dalla Legge	alla Legge
30	—	1	12 § 2
30	—	81 § 3	84 § 5

b) glossa di Accursio a:

Libro	Titolo	dalla Legge	alla Legge
32	—	85	100 § 3
33	4	1 § 4	2 § 1
33	7	22	29
33	8	1	6 pr.
35	1	89	113
35	2	1 pr.	1 § 13
36	6	1 § 7	5 § 2
36	1	80 [78] § 13	83 [81]
36	2	1	5 § 7
37	4	3 § 3	8 § 4

c) glossa di Accursio con aggiunte di Raniero a:

Libro	Titolo	dalla Legge	alla Legge
34	1	14 § 3	23
34	2	1	6 pr.

d) glossa di Accursio a:

Libro	Titolo	dalla Legge	alla Legge
33	7	18 § 6	27 pr.
34	1	10 pr.	18 pr.

Libro	Titolo	dalla Legge	alla Legge
34	2	30	32 § 2
34	2	35	38 pr.
34	3	26	31 pr.
35	2	94	96
35	3	1	3 § 7
36	1	11 pr.	17 [16] § 3
36	1	26	28 [27] § 16
36	1	80 [78] § 8	83 [81]
36	2	1	5 § 7
37	6	2 § 7	12
37	7	—	—
37	9	1 pr.	1 § 23
37	10	7 § 4	16
37	11	1	2 § 6

III. Digestum novum:

a) glossa di Accursio con additiones di Raniero, Odofredo, Iacopo de Arena e Dino:

Libro	Titolo	dalla Legge	alla Legge
40	12	7 § 3	18 § 1
40	13	4	5
40	14	1	6
40	15	1	3
40	16	1	4
42	1	15 § 6	32
42	6	1 § 1	4
42	8	10 § 14	24
44	7	18	52
46	4	18 § 1	23
46	5	1	11
46	6	1	4 § 2
46	6	4 § 3	12

Libro	Titolo	dalla Legge	alla Legge
46	7	1	5 § 6
48	2	12 pr.	20
48	3	1	7
48	5	12 [11] § 6	16 [15] § 6

b) glossa di Accursio con additiones di Raniero (**Ray e Are**) e Iacopo de Arena (**Ia de Ar**):

Libro	Titolo	dalla Legge	alla Legge
41	4	2 § 9	7 § 4
41	5	1	3
41	6	1	6
41	7	1	8
41	8	1	9
41	9	1	3
41	10	1	5
42	1	1	4
46	3	65	73
46	7	7	21
46	8	1	3 pr.
47	2	78 [77]	93 [92]
47	3	1	—
47	10	7 § 8	15 § 6
50	5	1 § 1	13 pr.
50	7	18 [17]	—
50	8	1	11 [9] pr.

c) glossa di Accursio:

Libro	Titolo	dalla Legge	alla Legge
41	2	30 § 5	44 § 1
43	24	11 § 10	21 pr.
44	4	5 pr.	7
44	5	1 pr.	1 § 10

Libro	Titolo	dalla Legge	alla Legge
44	5	1 § 11	2
44	6	1	3
44	7	1	5 § 5
45	1	1	9
45	1	11	38 § 8

d) glossa di Accursio (manoscritto non leggibile in gran parte):

Libro	Titolo	dalla Legge	alla Legge
40	1	10	26
40	2	1	5
40	3	2	3
40	4	1	17 pr.
40	5	24 § 10	26 § 1
40	12	16 § 4	27 § 1
40	15	4	—
40	16	1	5
41	1	1	7 § 5

Tra i codici modenesi ora descritti ve n'è uno che contiene *glosse preaccursiane* di Irnerio e Martino. È un foglio del digestum novum: la prima e seconda pagina contengono Dig. XL 5 *de fideicom. lib.* dalla L. 26 § 3 (dalle parole *ne fortu]ita mora servitutem*) alla L. 30 § 14 (fino alle parole *quoad certum esse [coeperit successorem non extaturum*). La terza e quarta pagina contengono D. XL 5 *de fid. lib.* dalla L. 45 pr. (dalle parole *dicendum est fideicommis]sariam libertatem*) alla L. 53 (fino alle parole *quod tardius [adit hereditatem*). Anche questa pagella è membranacea, rigata a stilo, a caratteri gotici minuscoli, e risale al principio del secolo decimoquarto. Le glosse sono soltanto marginali e hanno queste sigle: **m** (onciale minuscola); **l** (molto lunga); **y** (regolare): alcune glosse poi sono anonime. Un altro foglio di più vetusto codice contiene la costituzione *deo auctore* (L. I Cod. I 17) con pochissime glosse marginali di Irnerio (**I** e **y**), una di Martino (**m** [onciale minuscola]) e una di Lotario (**Lot**).

Queste glosse preaccursiane al digesto e al codice sono qui appresso pubblicate: sfortunatamente sono poche ma tanto più interessanti in quanto che niuno dei codici preaccursiani della Vaticana (*Vat.* 1405, 1406, 1408, 2512, 2705; *Pal. Vat.* 737) contiene glosse al digestum novum o al codex. Ho fatto il confronto nelle note fra questo manoscritto modenese e la glossa di Accursio, della quale mi son servito di due edizioni scelte di proposito da tempi e luoghi molto diversi, cioè:

Roma 1476 (dig. novum cum Accursii commentariis ex recognitione Ioannis Guarini Capranicensis aliorumque iurisconsultis — Romae aput [sic] Sanctum Marcum 1476 [nella bibl. casanatense di Roma]).

Lione 1556 (dig. novum — Lugduni apud Hugonem a Porta 1556).

Per l'interpretazione delle sigle non può esservi dubbio.

Il Savigny (1) riconosce Irnerio tanto nella sigla G quanto nella Y, ma generalmente non lo riconosce nella sigla I. Il Chiappelli (2) trova strano che Irnerio fosse indicato con due sigle così diverse (G e Y) (3), e propende a credere che *G* indichi *Geminianus*, quel giurista cioè scoperto dal Conrat (4) e che secondo il Fitting (5) sarebbe appartenuto alla scuola di Ravenna. Quanto alla sigla I il Savigny dice che non l'ha trovata mai nelle glosse

---

(1) Savigny *o. c.* IV 33.
(2) *Lo studio bolognese* p. 70.
(3) Certo è però che il nome di Irnerio ebbe queste varie forme: *Warnerius, Wernerius, Gernerius, Guarnerius, Garnerius, Irnerius, Yrnerius.*
(4) In *Arch. Giur.* XXXIV 124.
(5) *Zeitschr. d. Sav. Stif.* VII 60.

comuni; che citata da altri scrittori indica sempre Iacopo (1), il quale invece è nelle glosse indicato con **Ia** o **Iao** (2), e che qualche volta indica Irnerio nelle glosse marginali contenenti una regola generale di diritto. Il mio *manoscritto modenese* mostra che vi sono vere glosse di Irnerio con la sigla I, ed è molto naturale che gli ammanuensi scrivessero I o Y senza alcuna differenza. Una conferma di ciò è nella stessa glossa accursiana: nella gl. *etiam usuras consequi* alla L. 12 D. XVII 1 i manoscritti dicono *secundum I*, e in alcune edizioni (p. e. in quella di Lione 1556) è tradotto *secundum Irner*.

La comparazione delle glosse qui pubblicate di Martino con quelle di Irnerio fa spiccare la loro differente natura: Martino spiega il concetto giuridico, e invece Irnerio in questi manoscritti modenesi ripete e spiega grammaticalmente il testo. Ho detto in questi manoscritti, perchè vi sono prove che Irnerio meritò per cognizioni giuridiche il nome di *lucerna iuris* (3), ma intanto è interessante notare che una grande parte delle glosse Irneriane (le giovanili, come dice il Savigny,?) corrisponde a quello che l'abate di Ursperg diceva di Irnerio: *eisdem quoque temporibus dominus Wernerius libros legum, qui dudum neglecti fuerant, nec quisquam in eis studuerat, ad petitionem Mathildae comitissae renovavit; et secundum quod olim a divae recordationis imperatore Iustiniano compilati fuerant,* **paucis forte verbis interpositis,** *eos distinxit* (4).

La considerazione fatta risulta evidente se si confrontano le glosse irneriane qui pubblicate con i corrispondenti testi romani:

---

(1) *O. c.* IV 33 nota b. Il Chiappelli *o. c.* p. 72 ne dubita ma senza alcun argomento.

(2) *O. c.* IV 143.

(3) Savigny *o. c.* IV 28.

(4) Il passo intiero è in Savigny *o. c.* IV 11.

Testo giustinianeo	Glossa irneriana
L. 30 § 10 D. XL 5: non est sine herede qui suum heredem habet licet abstinentem se.	non esse sine herede qui servum habet heredem etsi se abstinuit.
L. 30 § 6 D. XL 5: qui eos manumiserunt pretii nomine perinde fratribus et coheredibus.	eos qui manumiserunt eum fratribus et coheredibus.
L. 28 § 3 D. XL 5: eorum qui ex iusta causa abessent.... libertati moram non facient.	eorum qui abessent ex iusta causa moram non fieri libertatem non rem privatam.
L. 53 D. XL 5: libertas non privata sed publica res est.	tatem.
L. 1 § 12 C. I 17: vilissima pecunia facilis eorum comparatio.	libros vilissima pecunia emere.
L. 1 § 13 C. I 17: ne tam sensus quam aures legentium ex hoc perturbentur.	ne sensus et legentium aures perturbarentur.

I concetti generali che si possono trarre dallo studio di queste glosse preaccursiane mostrano verosimili i giudizii che la critica moderna ha sospettato doversi dare dell'opera di Accursio. Il quale nella sua *summa* ha trascurato glosse molto più importanti che alcune da lui accettate, e specialmente quelle di Martino. Le glosse circa la lezione del testo confermano a credere che accanto ad una prevalente *litera boniensis* fossero alcune varianti non indifferenti. Per le glosse anonime si fa più forte l'idea che molti glossatori a noi non sieno noti neppur di nome. E non sarebbe ardito dire che le glosse anonime sanno di antico più che le siglate: che dunque sieno glosse preirneriane e, bolognesi oppur no, trasmesse ad Irnerio dalla tradizione scolastica?

La pubblicazione di molte glosse preaccursione farà fare un passo di più a queste domande, e continuerà a scoprirci nuovi lembi del grande e fino ad ora oscuro cielo medioevale.

GLOSSE DI IRNERIO E MARTINO

AL

DIGESTUM NOVUM

DE FIDEICOMMISSARIIS HEREDITATIBVS

[xxxx 5].

Lex 26 § 5.

non tamen: quamvis in superioribus subveniatur tamen tantundem erit in istis de quibus nunc audies. **m.** (1)
quia horum alia: quam superiorum. **m.** (2)
conditio: superiores vero moram fortuitam passi sunt. **m.** (3)
moram fortuitam: sicut superiores. **m.** (4)

Lex 26 § 6.

habitus sit servus: relictus sit ei quem testator vivere credebat, cum iam esset mortuus quem rogaverat servum manumittere. **m.** (5)

---

(1) Manca in A (cioè nella Glossa di Accursio)
(2) È in A ma senza sigla.
(3) Manca in A.
(4) È in A.
(5) Manca in A.

libertas: ut libertatem servo praestet. **m.** (1)
ab eo: ab herede forte. **m.** (2)
relictum: in re qualibet. **m.** (3)

. . . . : vel plus erat in pretio servi quam sit ei relictum, vel redimere non poterat cum esset alterius. (4)

. . . . : si enim in eo alienus usus f[ructus] esset penes eum remanebit ut infra e. (eodem titulo) si pat. (L. 47 pr. D. XL 5). **m.** (5)

. . . . : superius senatusconsultum factum de his qui libertatem dare his servis [rogati sunt]. servus rogatus erat qui testatoris fuisse tempore mortis eius (6) hoc senatusconsultum de aliis factum est. **m.** (7)

impedimentum: legato habito pro non scripto. (8)

Lex 26 § 7.

libertatem: servis hereditariis. **m.** (9)
servari: ut fiant orcini liberti... q... minori aetate ut supra de leg. **m.** (10)

Lex 26 § 8.

obreptum: per obreptionem ab eo est impetratum ut male iudicaret. **m.** (11)

---

(1) Manca in A.
(2) È in A ma con la sigla *as*.
(3) In A è: *in qualibet alia re*.
(4) Manca in A.
(5) Manca in A.
(6) La frase non è completa ma nel manoscr. è chiaramente così.
(7) Manca in A.
(8) È in A.
(9) È in A ma riferito alla parola *oportet* e senza sigla.
(10) In A è: *ut fiant orcini ut supra* ecc. Senza sigla.
(11) È in A senza *est* e senza sigla.

Lex 26 § 11.

servi naotum: senatusconsulti verbis locum non habentibus quia non stat per eos qui libertatem praestare debent. (1)

Lex 27.

prospiciatur: ad exemplum propositi negotii dicimus, sicubi aequitas nondum constituta suggerit aliquid dici, ut iudex debeat supplicare principi. **m.** (2)

Lex 28 § 1.

non utique: non habet locum eo casu quando latitat. **m.** (3)
. . . . [non item esse latitat an contumax sit. **I.** (4)
. . . . [eorum qui abessent ex iusta causa moram [non] fieri libertatem. **I.** (5)

Lex 28 § 4.

si in ea causa: fieri enim multis ex causis potest ut non sit in ea causa ut manumittere cogatur, vel si minus ei sit relictum quam in pretio servi sit, vel si eum redimere non potest cum sit alterius. (6)

---

(1) È in A ma riferito a *itaque* della legge seguente.
(2) Manca in A.
(3) Manca in A.
(4) Manca in A. Il senso coincide con lo scolio ai Bas. XLVIII 4, 28 [Heimb. IV 667].
(5) Era una marginale variante della *litera* (al § 3)?
(6) Manca in A. Confrontisi sopra la gl. *relictum* alla L. 26 § 6.

[hoc autem durum esse videtur ut servus alterius liber sit propter moram illius qui redimere et manumittere cogebatur. Sed hoc intelligo: qui licet rogatus non erat qui rogabatur. **m.** (1)

[furiosus institutus (2) est heres et rogatus quem manumittere cogebatur. si servus ille libertatem petat non imo impediri debet libertas quod heres eius conditionis est id est furiosus, vel aliter praesumitur dicere coheredes furiosi et non ipsum esse. servum manumittere voluit quia furiosus suam partem eis dare potest. **m.** (3)

Lex 28 § 5.

abesse: ab eo loco quo libertas petitur. **m.** (4)

Lex 29.

.... ad praetorem cogi manumittere (5)
ei servatur: qui erit manumittendus. **m.** (6)

Lex 30 pr.

ex iusta: per decretum pronuntiatum est cum ex iusta e iniusta causa abesset. **m.** (7)

---

(1) Manca in A. Questa glossa di Martino è una osservazione alla precedente glossa anonima.

(2) Il manoscr. ha *instipulatus*.

(3) Manca in A. Alla L. 30 § 7 gl. sub. conditione Accursio allude a questa opinione di Martino quando dice: **alii** *dicunt fuoriosi coheredem rogari*.

(4) È in A ma senza sigla, e vi è *ubi* invece di *quo*.

(5) Manca in A.

(6) È in A. In Roma 1476 non c'è sigla: in Lione 1556 c'è *Accur*.

(7) È in A senza sigla e senza *et iniusta*. Anche i Basilici lascian fuori queste parole.

decretum: ut proinde salvum sit ei ius patronatus. **m.** (1)
ius: patronatus. **m.** (2)
pronuntiasset: quod inter eos adnumerari potest qui absunt (3) ex iusta causa. **m.** (4)

LEX 30 § 4.

fideicommissae: praestandae ab eo. **m.** (5)
ad heredem: si alio iure veluti legati capiens relictum ex bonis defuncti rogatus manumittere pertinebit etiam ad hanc causam sicut hereditario nomine. **m.** (6)
rogatum (7): non tantum si capiat aliquid ex bonis defuncti iure legati vel alio modo. **m.** (8)

LEX 30 § 5.

ex causa: iusta ut nec latitent neque contempnent. **m.** (9)
infanti: cuius indicium nullum est. **m.** (10)
[impediri libertatem.... propter infantiam. **I.** (11)

LEX 30 § 6.

fratribus: infantibus. **m.** (12)

---

(1) È in A. In Roma 1476 c'è pure sigla *M*: in Lione 1556 c'è *Accursius*.
(2) È in A.
(3) Nel manoscritto è per errore *absentem*.
(4) Manca in A.
(5) È in A ma senza sigla.
(6) Manca in A.
(7) Anche il manoscr. modenese ha *rogatum* come tutte le edizioni quattrocentine. La Florentina ha *rogati*.
(8) È in A con la stessa sigla, ma è un po' mutato l'ordine delle parole.
(9) Manca in A.
(10) Manca in A.
(11) Manca in A.
(12) In A è *infantibus non rogatis*. In Roma 1476 la sigla è *Ac*; in Lione 1556 non c'è sigla.

[eos qui manumiserunt [eum] fratribus et coheredibus. **l.** (1)

obligati erunt: forsan conditio est ex hac lege. (2)

Lex 30 § 7.

furiosi: scilicet rogati. **m.** (3)
[furorem non obesse. (4)
sub conditione: qui furiosus vel coheredes furiosi rogati non impediuntur praestare libertatem ad exemplum coheredum infantis. (5)
quod id: libertatem propter conditionem heredis non impediri coheredes [que teneri] iuliani sententiam stetit . . . . . . (6). **m.** (7)

Lex 30 § 9.

et si quis: qui fideicommissariam libertatem debebat praestare. **m.** (8)

Lex 30 § 10.

sed et si: sed libertati debere subveniri. **m.** (9)
subventum est: mero iure. **m.** (10)

---

(1) Manca in A. Era una variante della litera?
(2) È in A.
(3) È in A ma senza glossa.
(4) Manca in A.
(5) Manca in A.
(6) Parole non chiare.
(7) Manca in A.
(8) Variante della litera?
(9) È in A ma riferita a *idem dicendum* del § 11.
(10) Manca in A.

GLOSSE IRNERIANE E MARTINIANE 33

[non esse sine herede qui servum habet heredem etsi se abstinuit. **I.** (1)

Lex 30 § 12.

testamento: domini qui fideicommissariam libertatem reliquit. (2)

Lex 30 § 13.

si alter: cum duo rogati erant. (3)
abesset: si manumissus esset. (4)

Lex 45 pr.

ab eo: debitore. **m.** (5)
sive plus: debito. **m.** (6)
minus: ancillae. **m.** (7)
conveniretur: nomine debiti pro quo ancilla obliga erat. **m.** (8)
ostendit: agens ex voluntate creditoris ut liberetur. **m.** (9)
ancillam: quam cogitur manumittere postquam voluntatem testatoris agnovit. (10)

---

(1) Manca in A. Come si vede le glosse di Irnerio sono sempre semplici esplicazioni del testo.
(2) Manca in A.
(3) È in A con la sigla M. Invece di *erant* alcune edizioni (Lione 1556) hanno *essent*.
(4) Manca in A.
(5) Manca in A.
(6) Manca in A.
(7) È in A ma senza sigla.
(8) È in A ma con la sigla *Az*.
(9) È in A ma senza sigla.
(10) È in A con qualche parola di più.

Lex 45 § 1.

manumittere: legato ei relicto non deminuto nec ex lege Falcidia nec ex senatusconsulto. Quia ad quem spectat onus ad eundem spectare debet emolumentum. **m.** (1)

satis: quia ad eum spectat emolumentum. **m.** (2)

Lex 45 § 2

legari: ab eo cuius sunt. **m.** (3)
constat: ut libertatem semper petere possint. **m.** (4)
libertati: merito illud onus debet eum concomitari quia hoc emolumentum ad eum spectat vel quia ei pro libertate relictum est. Non posse diminui ex lege Falcidia nec ex senatus consulto. **m.** (5).

Lex 46 pr.

nutu: voluntate. **I.** (6)

Lex 46 § 3.

viro: qui arbitratur libertatem praestari. **m.** (7)
nam et eam: quod favore libertatis fit. **m.** (8)

---

(1) Manca in A. Il senso però è riprodotto dalla gl. *libertati*. Veggasi quanto la glossa di Martino è più bella di quella di Accursio.
(2) Manca in A.
(3) Manca in A.
(4) Manca in A.
(5) Manca in A.
(6) Manca in A.
(7) È in A ma senza sigla.
(8) È in A ma senza sigla.

viro: quo casu non licet heredi velle aliud quam quod vir bonus vellet. virum autem bonum velle intelligitur si libertatem praestaret. hoc procedit ex favore libertatis. **m.** (1)

Lex 47 pr.

.... [rupto testamento. **L** (2)

Lex 47 § 2.

.... [virum bonum. **L** (3)
nam si latitabit (4): vel creditori non satisfaciat. **m.** (5)

Lex 47 § 3.

fideicommissario: legatario. (6)

Lex 50.

novissimam: .... enim cum effectus procedere non potest...... illum praevalebit quod novissimum pervenit...... legatum et libertas adimi potest. **m.** (7)
qua mente: ..... | m..... adhibendi an non si ita legari...... | (ma)numitti velit. **m.** (8)

---

(1) Manca in A.
(2) È una variante del testo.
(3) È il testo.
(4) Il manoscr. ha *lativavit*; in Mommsen *latitabit*; in Roma 1476 *latitaverit*.
(5) Manca in A.
(6) Manca in A.
(7) Manca in A.
(8) Manca in A.

Lex 51 pr.

successores: quis velit alioquin rogatus cogitur. **m.** (1)
transit: cum herede hereditatem. (2)

Lex 51 § 2.

voluntate: posita. **m.** (3)

Lex 51 § 3.

optinet: sicut enim statuliber conditionem expectat, ita iste manumissionem. **m.** (4)

Lex 51 § 5.

.... [abesse intelligitur qui a tribunali abest. **I.** (5)

Lex 51 § 10.

emptor: emptorem cogi manumittere. **I.** (6)

Lex 51 § 11.

coheres: cum duo heredes servum hereditarium rogati sunt manumittere et dominus servi absens sit, alter vero praesens. (7)

---

(1) Manca in A.
(2) In A: *servus cum hereditate.*
(3) Manca in A.
(4) È in A con identica sigla.
(5) È il testo.
(6) Manca in A.
(7) Manca in A.

manumittere: proprium servum. (1)
.... [coheredes de eo rogati erant **m**. (2)

Lex 52.

iusta: veluti si heredes deliberare potuerunt et non fecerunt. (3)
heredem: ut ab emptore cogatur redimere et manumittere. (4)

Lex 53.

.... [libertatem non rem privatam. **l**. (5)

---

(1) Manca in A.
(2) Manca in A. Sembra una osservazione di Martino alla anonima glossa *coheres*.
(3) Manca in A. In A è: *si heres fecit moram luendo a creditore*.
(4) È in A.
(5) Variante del testo.

GLOSSE DI IRNERIO MARTINO LOTARIO

AL

CODEX

DE VETERI IURE ENVCLEANDO

[I 17].

§ 11. animos rudes ad portandam molem sapientiae non sufficere. (1)

§ 12. Nota: libros vilissima pecunia emere. **y.** (2)

Volumina legum patere tam ditioribus quam etiam tenuioribus. **y.** (3)

§ 13. prologo prisciani invenitur. **I.** (4)

ex omni parte in humanis inventis rebus credo esse perfectum. **Lot.** (5)

in simplici genere ex omnibus partibus perfectum natura exponit. (6)

similitudinem non esse inutilem. **m.** (7)

ne sensus et legentium aures perturbarentur. **y.** (8)

---

(1) Manca in A.
(2) Manca in A.
(3) Manca in A.
(4) Manca in A.
(5) Manca in A.
(6) Manca in A.
(7) Manca in A.
(8) Manca in A.

§ 15 contrarium nullum inveniri. **y.** (1)
§ 18 . . . . in ea quod stare perpetuo possit. **y.** (2)
. . . . multas edere formas. **y.** (3)

---

(1) Manca in A.
(2) È identico al testo latino.
(3) Idem.

Printed by Libri Plureos GmbH in Hamburg, Germany